ÉTUDE

SUR LA

LÉGISLATION IMPÉRIALE BYZANTINE

D'APRÈS LA DOCTRINE DE L'ÉGLISE CHRÉTIENNE D'ORIENT

PAR

Milan Paul JOVANOVIĆ

LE COMMANDEUR, JURISCONSULTE,

MEMBRE DE L'ACADÉMIE DE LÉGISLATION DE TOULOUSE,

CORRESPONDANT DE LA SOCIÉTÉ DE LÉGISLATION COMPARÉE A PARIS.

TOULOUSE

IMPRIMERIE LAGARDE ET SEBILLE

2, RUE ROMIGUIÈRES, 2

1894

ÉTUDE

SUR LA

LÉGISLATION IMPÉRIALE BYZANTINE

D'APRÈS LA DOCTRINE DE L'ÉGLISE CHRÉTIENNE D'ORIENT

PAR

Milan Paul JOVANOVIĆ,

LE COMMANDEUR, JURISCONSULTE,
MEMBRE DE L'ACADÉMIE DE LÉGISLATION DE TOULOUSE,
CORRESPONDANT DE LA SOCIÉTÉ DE LÉGISLATION COMPARÉE A PARIS.

TOULOUSE

IMPRIMERIE LAGARDE ET SEBILLE

2, RUE ROMIGUIÈRES, 2

1894

*Monseigneur le Ministre de l'Instruction publique
de la République française,
Hommage de l'Auteur
Milan Paul Jovanović
Vukovar (s/e Danube)
10. X. 94.*

ÉTUDE

SUR LA

LÉGISLATION IMPÉRIALE BYZANTINE

D'après la doctrine de l'Eglise chrétienne d'Orient

Edicta imperatoria jus divertentibus constituebant toto Romani imperii tempore usque ad interitum ejusdem in *Oriente.*

Jam me igitur ipsa edicta imperatoria paucis exponere oportet. Divertendi et repudiandi liberrima erat priscis potestas; directe enim nequidem summe frivola discidia inhibebantur. Si qua igitur coactio adfuit, hæc indirecta erat, quum aut culpa, ob quam secutum est divortium, aut ipsa frivola discidia pœnis plecterentur. Primus omnium *Constantinus Magnus* (1) certas *repudii* assignavit causas. Viro nempe uxorem mœcham, medicamentariam, conciliatricem,

---

(1) A. 331. Lib. 8, Cod. V, 17, *de repudiis* : « facultatem concessit uxori, ut virum suum tantum ob *homicidium, veneficium et deprædationem* tumuli, viro autem, ut suam uxorem tantum ob *adulterium* (πορνεία καὶ ἀπιστία), *veneficium*, et si lenam agat, a se dimittat. »

— 4 —

uxori virum, homicidam, medicamentarium, sepul-
crorum dissolutorem repudiandi potestatem fecit (1).
Ita igitur nunc exceptio παρεκτὸς λόγοῦ πορνείας intel-
lecta, ut complures divortii causæ admitterentur, eæ
tamen in *tres* supra memoratas contraherentur. — His
a. 337. adiecit : uxor in militias profecti, postquam
quadriennii intervallo nullum sospitatis a marito nuncium acceperat, ad alias nuptias transire possit (2).

Primum edictum *Constantini Honorius* et *Theodosius II* a. 421. confirmaverunt (3). Nec sane, si contra
jus non diverterat uxor, ante quinquennium nubendi
recepit potestatem. Atque hæc erat divortiorum conditio inde a primordiis religionis christianæ in Imperio
romano usque ad *Theodosii II* annum regiminis deci-
mum septimum, sive a primo edicto *Constantiniano*
centum et amplius annis, quo tempore floruere : *Am-
brosius, Augustinus, Athanasius, Basilius, Chrysostomus, Epiphanius, Gregorius Nazians, Hilarius,
Lactantius, Theodoretus, Tertulianus, Asterius
Episcopus Amaseœ, Origenes, Cyrillus.*

Anno autem *439 Theodosius* et *Valentinianus* veteres repudiorum *leges* et culparum coercitiones res-
tituerunt (4). Quas tamen sive repudiis grassantibus
perterriti, sive permoti precibus episcoporum, a. *449.*
abrogarunt, repudiandi libertatem certis limitibus
constrixerunt, novisque pœnis in eos, qui contra jus
diverterent, animadverterunt (5).

(1) Cod. *Theod.* III, 16. const. 1.
(2) Cod. *Just.*, V., 17, const. 7.
(3) Cod. *Theod. III*, 16, const. 1.
(4) Nov. Theod. tit. XII. const. 1.
(5) *Theodosius* et *Valentinianus*, a. *449*, ediderunt *legem*, secundum quam licuit uxori virum suum dimittere, in hæc verba : « Si
mulier probare poterat : esse maritum *adulterum, homicidam, ve-*

Causas, ob quas alter conjugum alteri æqua lege repudium mittere possit, has esse voluerunt : adulterium, homicidium, veneficium, perduellionem, crimen falsi, sepulchrorum dissolutionem, sacrilegium, latrocinium, autochiriæ conatum, *vitæ insidias*. Speciatim vir cum mulieribus impudicis cœtum iniens, aut verberibus in uxorem sæviens (1). mulier vero inscio vel prohibente marito convivia adpetens, sine justa causa foris domum pernoctans, circenses, theatra vel spectacula adiens discidii causam præbet (2). Orto vero dubio, quanto tempore uxori, mutuo consensu a viro separatæ a secundis nuptiis abstinendum sit, *Anastasius* a. *497* edixit : elapso a die divortii anno rite contrahi secundas nuptias (3).

Justinianus legem hanc in *Codicem suum*, L. 8, §§ 2 et 3., « de *Repudiis*, » recepit et in Nov. 22. cap. 15, §§ 1 et 2, repetiit. Interim apparet, hoc cum grano salis et tunc consideratum fuisse, habito quippe respectu ad adjuncta et motiva impellentia, an nempe *adulterium*, amores illiciti et suspecta conversatio tertiæ personæ subversentur; vel vero defectum educationis, crudos mores et affectus transeuntes pro fonte habeat : quæ hodie in trutinam vocari debere, quis-

---

neficum, contra Imperium aliquid molientem, *falsitatis* crimine damnatum, *sepulchrorum dissolutorem*, sacris ædibus aliquid subtrahentem, *latronem*, *latronum susceptorem abactorem* » quod de uxore quoque intelligendum.

(1) Repetita sævities, hæc quoque causa in *Ecclesiâ orientali* non erat ignota; ita *Theod. II* et *Valentinianus* Imp. uxori licentiam dederunt, maritum dimittendi, si illam verberibus afficeret.

(2) Cod. Just. L. 8., *de Repudiis*, V. 17. *Kormesia Kniga*, liber directorialis idiomatis slavici, tom. II, p. 104, cap. 48. *Mattheus Blastares* in Syntagm. Alph., L. I, cap. 10, p. 507 ; hæc ratio *in* moribus ejus temporis fundanda.

(3) Cod. Just., L. 9, *de Repudiis*.

que perspicit. Ex constitutionibus, quas superius me-
moravimus, *Justinianus Constantini* legem de militis
muliere, *Theodosii* de multiplici repudiorum causa et
Anastasii in codicem suum intulit; omisit vero cons-
titutionem *Constantini* de triplici causa, *Honorii*, quæ
Constantinianam confirmaverat et *Theodosii*, quæ
veteres repudii leges restituerat. His addidit *Justinianus :* « Si maritus mulieri duobus annis a die nuptiarum computandis minime coire propter naturalem im-
becillitatem potuerit. » Et paullo post : « Si forte
uxor sua ope vel industria abortum fecerit, aut ita
luxuriosa sit, ut commune lavacrum cum viris libidi-
nis causa habere audeat, vel dum est in connubio
alium sibi maritum fieri conata fuerit (1). »

Nec sane solutio connubii eodem jure negata erat
ex divortio qualicumque, modo juris solennitatibus
non careret, sed non impune divertebat quis extra
causas lege determinatas. Mox divortii leges ipse no-
tavit *Justinianus Nov.* 22. — 1° Divortia ex mutuo consensu pactis divertentium gubernanda reliquit. —
2° Divortia secundum occasionem rationabilem, seu
bona gratia in his casibus concessit (2) : α. ob monachismum (3); β. ob coeundi impotentiam, cujus tamen explo-
randæ tempus jam modo triennium a die nuptiarum
statuit (4); γ. ob captivitatem, sic tamen, si per quinquennium, num conjux supersit, incertum ma-

---

(1) L. 10, C. eod.
(2) Cap. 4.
(3) Cap. 5.
(4) Cap. 6 ; si maritus uxorem suam ex impotentiâ *naturali* car-
naliter cognoscere non potuerit, et per spatium *trium* annorum a
tempore contracti connubii pro impotente agnitus fuerit, hæc tamen
ratio potius nullitatem connubii post se trahere videtur, cum nec legitime contractum, velut non consummatum esse censeatur.

neat (1); δ. ob servilis conditionis detectionem (2), denique; ε. quoties milite in expeditionem profecto uxor toto decennio nullum sospitatis nuntium acceperit, solvi posse connubium pronunciavit, observatis tamen cautionibus lege determinatis (3).— 3° Cum causa rationabili repudia permisit; a. in casibus lege *Theodosii* et *Valentiniani* enumeratis; b. in casibus, quos ipse prioribus adnumeraverat α. si uxor fœtum perimat, β. si constante connubio ad alios de nuptiis loquatur, γ. si cum viris voluptatis occasione lavetur (4). — 4° Repudia citra omnem rationem pœnis cœrcuit(5). Mulierem in divortii causa victam quinquennio, victricem anno integro a secundis nuptiis abstinere jussit (6).

Huic doctrinæ *Salvatoris nostri* fideliter insistendo, ab initio Religionis *Christianæ* per omnia ultro sæcula, et concilia, et singuli *SS. Patres*, et Interpretes, et Collectores Nomo-Canonum, et ipsi *christiani Imperatores* semper sibi conformia ferebant placita, adulterium nullo non tempore instar præcipuæ legitimæ connubium validum dissolvendi causæ prædicando. Ita *Tertulianus :* « *Prœter ex causâ adulterii nec creator disjungit, quod scilicet ipse conjuxit* (7). » *Chrysostomus* (Hom. 53, t. V) : « *Itaque fornicationis ob causam licet dimittere uxorem*, etc. » Ipse *Augustinus*, qui passim contrariæ sententiæ auctor habetur, dicit Lib. de fide et oper. cap. 19 : « *Quisquis*

(1) Cap. 7.
(2) Cap. 9.
(3) Cap. 14.
(4) Cap. 15 et 16.
(5) Cap. 15, 18.
(6) Cap. 15 et 16.
(7) Cont. Marc., Lib. IV, cap. 34.

*etiam uxorem in adulterio deprehensam dimiserit et
aliam duxerit, non videtur æquandus eis, qui exceptâ
causâ adulterii dimittunt et ducunt.* » *Lactantius*
(Ep. divin Inst., page 8) : « *Deus præcepit non dimitti
uxorem, nisi crimine adulterii devictam, et nunquam
conjugalis foederis vinculum, nisi ruperit, resol-
vatur.* »

Asterius Episcopus Amaseæ (Hom. 5, t. I) : « *Hoc
vero ratum atque omnino persuasum habeto, exceptis
morte atque adulterio, nulla est causa matrimonium
dirimendi.* » *Origenes* (Tract. VII, in cap. 19, Mat-
thæi) : « *Dominus non permittit propter aliam aliquam causam uxorem dimittere, nisi propter solam
causam fornicationis.* » *Gregorius Nazians*, in Orat.
31 de matr. : « *Lex quidem omnes ob causas libellum
dat repudii, at Christus non ob omnes sed separari
tantum ab adultera uxore permittit.* »

Theodoretus, Lib. 5, cap. 26, de hæret. fabul. :
« Legem porro matrimonii ita confirmavit, ut eum,
qui exceptâ fornicationis causâ matrimonium solvere
velit, alia lege inhibeat, etc. » *S. Basilius M.* in Ep.
cap. ad Amph., cap. 9, quod idem in *Kormcsia*,
cap. 21, tom. I, habetur : « Domini dictum, secundum sententiæ consequentiam ex æquo et viris et uxo-
ribus convenit, quod non liceat a connubio discedere,
præterquam propter fornicationem. Consuetudo autem
non ita se habet, sed in mulieribus quidem multum
accurate, et diligenter observari invenimus, etc., at
non habemus hanc observantiam in Ecclesiasticâ con-
suetudine, sed etiam ab infideli viro non jussa est mulier
separari, sed manere propter incertitudinem eventûs.
Quare quæ reliquit, est adultera, si ad alium virum
accessit. Qui autem relictus est, dignus est veniâ, et
quæ ei cohabitat, non ideo condemnatur. »

Observamus *Basilium M.* non æqualiter virum et uxorem ob adulterium adgravare, sed multo magis viro favere, cum ei soli, non item uxori ob adulterium viri jus tribuat *divortium* vinculi petendi : Fecit ille quidem hanc differentiam juxta consuetudinem, ut ipse asserit, suæ *Cæsariensis Ecclesiæ*, quæ haud tenere observatur; nam ipse *Interpres* ad dictum Canonem. *Kormcsia* cap. 21, p. 229, adnotat, sententiam hanc Novellâ *Justiniani* sublatam esse. Puto hic interpretem eam *Justiniani* Imp. Novellam præ oculis habuisse, quæ habetur, lib. *28. Basilicorum*, tit. 7. » *de Divortiis,* » in hæc verba : « Præter alias causas, ob quas conjugia solvere mulieribus datum est, illa quoque recensetur, ut si in eâdem domo, aut urbe vir alteri mulieri commisceatur, atque ab uxore admonitus tamen ab illius commercio nequaquam abstineat nuptias dissolvere, mulieribus ob *Zelotypiam* permissum sit. « Ita memoratum Canonem interpretantur *Balsamon, Aristenus* et alii. Porro SS. Patres Concilii dec. VI, Trull., eumdem in can. 87, per extensum receperunt in hæc verba : « *Quæ maritum reliquit, est adultera, si venerit ad alium, ut vult sacer et divinus Basilius, qui ex Hieremia Prophetâ hoc optime collegit, etc.* » Dein *Photius* Patr. Const. in Nomocanone, tit. 13, cap. 4, de iis, qui *divortium* faciunt, citat eumdem hunc 87. Canonem conc. VI, et *S. Basilii* canonem 9, atque pluribus verbis disserens parem conditionem mariti perinde ac uxoris ob adulterium esse affirmat. Quid? quod can. 86, Conc. Trull. Ita loquatur : « *Si quis pellices in domo suâ servet ad luxuriam et peccatum animis, dimittatur, etc.* » *Kormcsia*, p. 293, tom. I.

Porro *Theodorus Balsamon,* Patr. Ant. quintum Can. SS. Apostolorum ita explanat : « Hic autem Ca-

non exolevit, quod nunc aliter non possit matrimonium dissolvi, quam pro causis, quæ sunt hæ : α. si
quis ex conjugibus adversus Imperatorem conspirave-
rit, β. si uxor adultera fuerit, γ. si alteruter vitæ alterius insidiatus fuerit. »

Huic adstipulatur etiam *Joannes Zonatas, Alexius
Aristenus* et *Mattheus Blastares,* quorum mentio superius facta. Habet idem *Korm.*, l. 48. tit. XI, § 16,
Lib. 49, tit. 2, § 9. Imperatores quoque christiani
præter alias causas legitimas in *morte* vel *adulterio*
fundatas, semper adulterium pro una ex præcipuis
causis matrimonium solvendi statuebat. Ita *Justinianus*, Nov: 117, cap. 8, n. 2 : « *Si de adulterio maritus
putaverit posse suam uxorem convinci, et si hujusmodi
accusatio verax esse ostenditur.* » Immutavit, quod ita
præceperat. *Justinianus* lege novella 117, a. *541.*

A. Divortia ex mutuo consensu prohibuit demto
unico casu, si fierent castitatis concupiscentia.

B. secundum occasionem rationabilem citra pœnam
divortia permisit 1. ob *impotentiam*, 2. *monachismum*, 3. *captivitatem*. De militum mulieribus sanci-
vit : ne quantoscumque annos viri in expeditione
manserint, connubium dissolvatur, neve transeant
mulieres ad alia vota nisi militum superiores jurisju-
randi religione sub gestis monumentorum confirma-
verint viros reipsa esse mortuos; quo in casu mulieres post elapsum anni intervallum ad alia vota convo-
lare quidem possint, milite tamen reduce, hoc, quod
postea contractum est connubium, dirimetur, eique
reclamanti mulier restituetur.

C. Repudia ex causa rationabili ad sequentes causas
restrinxit. — 1° Viro mulierem repudiandi potestatem
fecit : α. si perduellionis conscia sit aut viro non indi-

cet; β. si adulterii fuerit convicta; γ. *insidiœ vitœ structœ*, vel ab *altero conjuge* involuntarie imminentes, absque discrimine, an *vir* uxoris vitæ, vel *uxor* viri vitæ insidias struat. *Kormcsia,* cap. 46. *Constantini Imp.* dicitur : « *Vir ab uxore separatur, si hœc vitœ ejus insidias struat, aut alias machinationes viro intentas non indicet illi, vel si indicat in lepram (si sit leprosa). Ex iisdem causis uxor a viro separatur.* » Idem quoque habetur *Kormcsia,* cap. *48;* item, cap. *49,* dicitur : « *Si uxor contra vitam mariti moliatur aliquid, vel conscia non indicaverit molientes, et vice versa.* » Lepram hic suo loco adjectam censeo, cum etiam per lepram *vitœ insidiœ* per ipsam naturam necessario struantur, cum morbus hic sit contagiosus. Ut tamen causa hæc matrimonium discindere jure queat, necesse esse videtur, ut crimen dictum sit consummatum, quale tunc erit, si juxtà *Kormcsia,* cap. *38,* committatur ex causâ amoris illiciti ergà alterum, et si revera *inde* ægritudo aut mors sequatur; nam in hoc solum casu pœna gladii imminebat. Interim ex consideratione, quod causâ hæc in amore illicito fundamentum suum habere dicatur, eamdem etiam ad rationes adulterii ex parte revocari, indeque derivari posse, per se patet. Continetur hæc causa etiam *Just.* Nov., tit. 13, cap. 4. Huc referri posse videntur etiam *malœ artes,* quibus quis ad nocendum alterius vitæ utitur, vel alteri in hunc finem vendit; nam et is pœna homicidii plectitur; δ. si uxor cum extraneis viris, nolente vel ignorante marito, agitet convivia, aut cum iis lavet; ε. aut si noctu extra ædes maneat non tamen apud suos parentes. *Just.* Nov. 117, cap. 8, *Photius* in Nomocanone tit. 13, cap. 4, de iis qui *divortium* faciunt; *Matth. Blastares* in causis et quæst. matr. et in Synt. Alph.; *Kormcsia* cap. 48, pag. 104.

Hæc et sequentes rationes hodie vix aliud, præter probas plus minus aggravantes constituere videntur, quæ si ita adgravarent, ut inde adulterium pateat, tunc effectum post se trahere debebunt. Igitur quod olim præstabant absolute, id hodie conditionaliter præ se ut ferant, necesse est; 5. si circensibus aut theatris, aut amphitheatris interfuerit ad spectandum, ignorante aut prohibente marito. Nov. *Just.* 117, cap. 8; *Kormcsia*, t. II, pag. 104, cap. 48; *Matth. Blastares* in Syntag. Alph., L. I. cap. 10, pag. 507. Hæc ratio in moribus ejus temporis fundanda.— 2° Uxori virum repudiandi dedit libertatem : α. si perduellionis auctor vel autor fuerit. β. si maritus uxoris castitati insidiatus alteri eam adulterandam tentaverit tradere, *Just.* Nov. 117, cap. 9. *Photius* loco citato, et *Kormcsia*, t. II, cap. 47, pag. 106 Jur. civ. ; γ. si maritus *uxorem* de adulterio accusaverit, et crimen non probaverit. *Just.*, Nov. 117, cap. 9. *Photius* loco citato, uti et comentator ejus *Balsamon* et *Kormcsia*, cap. 48. Jur. civ., pag. 106, ita loquitur per extensum :

« Si vir de adulterio inscripserit uxorem, et adulterium non probaverit, uxori licentia datur, si voluerit, etiam ex hac causâ dissolvendi a marito suo, et accipiendi dotem et donationem propter nuptias ex capite incusationis hujus, Si proles non habuerit, tunc tantum accipit ex aliis bonis mariti, quantum habuisse dignoscitur tertia pars bonorum ante donationem propter nuptias possessorum : si autem proles habeat, tunc his custodiri omnia bona mariti jubemus; δ. si quis in eâ domo in quâ cum suâ uxore commanet, contemnens eam, » *cum aliâ inveniatur, in eâ domo manens,* « aut in eâdem civitate degens in aliâ domo « *cum aliâ muliere frequenter manere convincatur,* » et semel vel secundo culpatus, aut per suos aut uxoris parentes, aut per alios aliquas fide dignas personas, hujusmodi luxuriâ non abstinuerit. *Just*. Nov. 117, cap. 9, *Photius* loco citato, et *Kormcsia*, t. II, cap. 48, pag. 106. Ins. civ.; ubi æque dotem et donationem propter nuptias, etc., accipere dicitur uxor.

D. Repudia citra omnem causam pœnis cœrcuit : quæ quum feminis essent iniquiores, lege novella *127*, cap. 4, differentiam inter viri et mulieris pœnas exæquavit idque Nov. *134*, cap. XI, distinctius explanavit. Prædictas causas, nov. *117*, comprehensas, solas jussit sufficere ad solutionem legitimi connubii, reliquas autem omnes cessare præcepit. Ita omnibus antiquioribus legibus, suis adeo derogavit *Justinianus. Justinus II* divortio ex mutuo consensu pristinam restituit libertatem « si namque mutua adfectio connubium conficit, merito diversa voluntas id per consensum dirimit, modo hanc missi repudii libelli satis declarent. » Novella 140, quæ perperam *Justiniano* adscripta erat.

Est nobis novella hæc, quam etiam *Photius* Patriarcha Const. in Nomocanone, t. 13, cap. 4, allegat, documento luculentissimo liberrimi in *oriente* divortionum usus, qui non prius cessavit, quam opinio prævaluerit, id solum juris auctoritate pollere, quod in libris Basilicorum contentum sit. Quid in hos receptum sit, sequenti loco expediemus (1). Idem recentiores Legislationes Christianæ adamussim observare cernuntur. Sic in *Russiâ Theophanes Prokopovits* ar-

---

(1) LX librorum « Βασιλικῶν, » id est universi juris romani auctoritate principorum, græcam in linguam traducti ecloga sive synopsi hactenus desiderata, nunc edita per *J. Leunclavium. Basileæ*, 1575.

chiepiscopus (1) ita refert : « Causa justa veri *divortii*, et proprie dicti, scilicet quoad vinculum, et omni ex parte solutionem matrimonii est : *a. fornicatio* sive *adulterium; b.* malitiosa desertio, etc. »

Notandum hanc secundam rationem ab *Hiacintho Karpinsky* exmitti his verbis : « *Divortium* quoad duritiem cordis erat permissum, non vero lege imperatum; in statu *Evangelii* non est (exceptâ adulterii causâ) tolerandum. » Ita Institutiones *Juris Russici*, L. I, § 176.

Equidem censeo, nihil jam amplius desiderari argumentorum, quibus persuadere nitar, adulterium in *Ecclesiâ orientali* semper pro præcipuâ causâ matrimonium quoad vinculum dissolvendi habitum esse. Reliquum est, ut ad specificum reducamus ea, quæ variis temporibus pro diversitate circumstantiarum et morum ad adulterium relata, indeque derivata habentur. Enim vero bene perpexerunt olim *Legislationes*, probam adulterii præstare, illudque in clarum deducere, esse rem maxime arduam.

Hinc ut innocentibus et afflictis conjugibus succurrant, eosque in probatione sublevent, sollicitæ erant de ejusmodi factis, in moribus et genio temporis fundatis, ex quibus justa conclusio lege ipsâ præcepta, ad adulterium commissum formari, et sic præsumptio Juris et Judicio haberi possit.

Itaque :

1. *Fornicatio* seu adulterûm *certum*, i. e. *fidei conjugalis violatio*, πορνεία χαὶ'Απιστία, omni ex parte, probatum et in judicio in clarum deductum. Solvitur cum damno i. e. cum omissione dotis et donationis propter nuptias (2). Haud scio, an quis casus adulterii

(1) *Kormcsia*, cap. 48. Jur. civ.
(2) *Theol.*, t. III, pag. 731.

clarius pateat, quam qui supra, § 18, adductus, nempe
si uxor de viro in bello constituto vel peregre proficis-
cente non disquirat, sed alteri nubat et dein ille re-
deat : hic adulterium est in patulo ; vir si velit, aliam
ducere potest, uxor vero dimittitur etiam a secundo
marito, et innupta manere debet.

Qui tamen casus ne accidat, hodie *Præsulum Ecclesiæ* et *Præfectorum* militum vel potius Consilii
Aulæ Bellici cura est. Restat ut de adulterio præ-
sumto, et factis ad id facientibus loquamur quæ habi-
tis jam præstinctis brevibus absolvere conabimur.

2. *Adulterium præsumtum*, quo referentur :
Malitiosa desertio. Continent hanc causam *S. Basilii*, can. 35 et 36, can. *93*, Concil. Trull.; agnoscit
Kormcsia, t. I, cap. 21, ad. can. 35, *S. Basilii*, t. II,
cap, 44, tit. 13, § 3, cap. 48, tit. XI, § 3 ; porro Institutiones *Juris Russici*, § *174* et *180*. Omnes hæ et
reliquæ etiam *leges* non simpliciter, sed de malitiosâ
desertione loquuntur. Requirunt igitur malitiam i. e.
hoc loco animum et propositum in deserente conjuge
fidem conjugalem violandi, vinculum rumpendi. Hanc
vero, cum in statu interno fundetur, et interna ho-
minis præter Deum nemini mortalium cognita sint,
consequitur suapte, a deserto conjuge querulante probare debere : quod si non fecerit, desertionem frustra
allegabit *Photius* et *Manuel* Patr. Const. et plures
alii alleviare conabantur probam afflicto conjugi, pro-
ponendo certam annorum seriem 4, 5, 7, 10, annorum,
quibus a tempore desertionis elapsis ad malitiam dese-
rentis concludi liceret.

Abhinc inter turbines et tempestates, quibus agita-
tum erat imperium *Byzantinum*, jurisprudentiæ conditio tristior in dies facta. Pace restituta et literis
instauratis, sec. IX, lætiores jurisprudentiæ adfulserunt

dies. *Basilius Macedo* veterum legum repurgationem
suscepit (1). Quod sane vehementer urgebat necessitas.
Etenim libri juris *Justinianei* in plura volumina dis-
persi usui forensi minus erant convenientes. Versiones
græcæ, quæ jam solæ consulebantur, quum plerumque
variantes essent, confusionem augebant. Adde quod
plura ex jure *Justin.* in desuetudinem abiverint, pluribus novæ leges abrogaverint.

Leo *VI, Philosophus* seu *sapiens* (a. 889-908) veterem collectionem denuo prælegit et tit. 60, edidit,
quæ *Græcis* æque ἀνακάθαρσίς τῶν παλαιῶν νόμῶν, τὸ
ἑξακοντά-βιβλον, ὁ βασιλικὸς νομός et præcipue τὰ
βασιλικὰ (νόμιμα) dicitur. Constat libris 60, libri in
titulos, tituli in capita, hæc in §§ dividuntur. Compilata sunt *Basilica* ex libris juris *Justin.* : aut potius e
græcis versionibus et commentariis, etquidem e *Pand.*
Codice, Coll. *168.* Nov., rarissime ex *Inst.* Plura tamen
omissa sunt, quæ aut exoleverunt, aut *novellis legibus*
seqq. *Impp.* abrogata fuerunt. *Zachariæ* Hist. Jur.
Gr. Rom., p. 43. *Basilica* jus *Justin.* non statim sus-
tulerunt. Tamen tum quod usus librorum juris *Just.*
in multa volumina dispersorum incommodus et diffi-
cilis esset, tum quod *Basilicis* propter novas leges
ibidem contentas carere non liceret : factum est, ut
Basilica sola JCtorum manibus teri cœperint; quod
sæc. XI. opinioni ansam præbuit : nihil ex jure *Justin.* valere nisi quod in *Basilica* receptum sit.

(1) Ἀνακάθαρσίς τῶν παλαιῶν νόμῶν, quam *Basilius* libris 40 insti-
tuit, ætatem non tulit; ejus tamen mentio fit in Anon. vita *Basilii,*
cap. 33, in præf. Epanag., § I, in Nov. Leon. 1 et 71. Editionem
Basilicorum jam fere completam curavit G. E. *Heimbach : Constantini Harmenopuli,* manuale legum sive Hexabiblon, ed.
G. E. *Heimbach.* Lipsiæ, 1851.

De solutione matrimonii agit, lib. 28, tit. 7, quem cum jure *Just*, conferemus. Cap. 1 continet introductionem, justas repudii causas, tam viri quam feminæ ex nov. 117, cap. 8, 9, et pœnas adulteræ ex nov. 134, cap. 10. Cap. 2 determinat tempus, intra quod mulieri a marito separatæ a secundis nuptiis abstinendum sit ex nov. 22, cap. 15, 16. Cap. 3 agit de militis uxore ex nov. 117, c. 11. Cap. 4 recenset divortia ex causa non vituperanda, ob monachismum, impotentiam, captivitatem nov. 22, cap. 5. 6. 7. Cap. 5, prædictas causas hac lege comprehensas solas jubet sufficere ad solutionem legitimi connubii, reliquas autem omnes cessare præcipit, nov. 117, c. 12. Cap. 6 jubet præterquam ex causis superius enumeratis « nullo modo repudia fieri aut facta valere, aut consensu connubium dissolvi, et conjuges sibi invicem peccata condonare, » additque pœnas in transgredientes, nov. 134, c. 11. Reliqua capita causas matrimonium *dissociantes* non spectant. *Justini II* Novella de divortii mutuo consensu in *Basilica* recepta non est.

Progredior ad novellas *Leonis Sapientis*. Exstat collectio 113 novellarum; olim tamen plus quam 113 fuisse videntur, quum Balsamon nov. 117 alleget. Ad rem nostram sequentes faciunt. Novella 30 uxorem « quæ vivo marito alios de connubio compellet. » Novella 31 uxorem, « quæ odio mariti abortet » repudiare permittit. Nov. 33 statuit « ut nequaquam amplius quæ pars a servitute intacta mansit, ad alterius conjugium procedat, sed quotcumque annis altera in servitute detineatur illam expectet; » denique nov. 111 et 112 furorem alterutri conjugi supervenientem discidiorum causis adnumerat sic tamen, si mulier furore correpta intra *triennium*, vir intra *quinquennium* non reconvaleat. Num autem omnes

ex his novellis vim fori obtinuerint, quæritur. Plures
saltem ex constitutionibus Leoninis intra limites
experimentorum theoreticorum substitisse similius
veri est. Jam *Michael Attaliata* in fin. op. monuit :
« Beatus Imp. Leo novellas quidem complures edidit,
sed non obtinuerunt, nisi quæ legibus aliis non
extantibus scriptæ, vel supplementi instar ad ea, quæ
in novellis *Justiniani* prætermissa essent, latæ sunt.

Magnam attentionem *in jure Byzantino* merentur
Enchiridia juris legalia, in quorum numero sunt :
1° Ecloga ; 2° Epanagoge ; 3° Prochiron. Ante pauca
decennia moris erat Eclogam *Leoni sapienti;* Prochiron vero *Basilio Macedoni* tribuere ; Ecloga *Basilii M.* Eclogam, qualem *Leunclavius* in JG R., t. 2,
pag. 79-134, edidit, in C. MSS. non inveniri constat.
Leunclavius ex pluribus C. MSS. compilasse videtur,
usus fortasse præcipue C. MS. titulorum *73,* quem
adducit *Zanetti*, p. 100, cujus ultimus tit. περι πακτου
cum ult. ind. tit. *Leunclav.* concordat. His ex alio
quodam C. MS., quem *eclogam* per errorem habuit,
primos *10* tit. adiecit, ita ut jam facti sint *73.*
Ultimi quoque *18* tit., ut *Leunclavio* suppeditantur,
in unico nonnisi Cod. Vatic. *640* adesse dicuntur,
genuini vero *18. Eclogæ* tituli ad Cod. *Vind. Mosqu.*
et *Florent.* accedere videntur. Eclogæ, quam a *Leunclav.* accepimus, specimen exhibet negligenter compositi juris *enchiridii.* Gravissimi momenti materiæ
aut omissæ sunt, aut summis labiis degustatæ. Quæ
vero suppeditantur juri *Justinianeo* multiplici modo
adversantur, et partim ex jurisprudentia *Byzantina* et
jure consuetudinario (1), partim e novellis seqq. *Impp.*

(1) *Nouveau coutumier général ou corps des coutumes générales*, etc., par *Charles Richebourg, Paris.* 1724, 8 volumes in-folio.

quæ ætatem non .tulerunt, desumta esse videntur.
Dr Jos. Zhisman, das Eherecht der Orientalischen
Kirche, agit de solutione connubii (In C MSS. Leun-
claviani, tit. 12, 13, conjunctim exibent, tit. 2).
Cap 1 continet commentationem theologicam de
natura et indole conjugii. Caput 2 et 3 recenset repudii causas, quas et viro et feminæ non plures quam
tres concedit. Vir mulieri adulteræ, vitæ insidias
struenti et leprosæ, mulier viro toto triennio a nuptiarum die impotenti, vitæ insidias struenti et leproso
repudium mittit. Cap. 4, cavet ne qui ob malum
genium supervenientem separentur; adiicitque : « Absque his causis cognitis viri et uxoris consortium
dirimi non potest juxta illud, quod scriptum est : Quos
deus conjunxit homo ne separet. »

Epanagoge Basilii M. servata est nobis in Cod.
Ven. et Vatic., quorum notitiam, præfationem et tit.
indicem ex Cod. Marc. edidit, variantes lectiones ex
Cod. Palat. adiecit, op. cit., p. 24-30. Constat, tit. 40.
Tit. 1-9 et 11 in universum cum Eclogæ Leunclav.,
tit. 10 conveniunt. Abhinc similitudo quædam cum
Prochiro adparet. Sed ordo est alius. Adsunt præterea
alia fragmenta, quæ in Prochiro non continentur.
Epanagoges, t. 21, περὶ λύσεῶς γάμου continet Proch.,
t. 11, Zachariæ, πρόχειρος νόμος, p. LXXIX.

Prochiron Leoninum, tit. 40, compilatum est ex
Theophilio, Basilicis, interdum ex Basilicorum scho-
liis, raro ex Ecloga et novellis Impp. Byzant. Specimen exhibet bene compositi juris enchiridii, præser-
tim si cum Ecloga conferatur; erat Prochiron L.
fundamento Hexabiblo Harmenopuli Constantini
(πρόχειρον τῶν νόμων manuale legum). Mox totum
Prochiron ex Cod. Coislin collatione cum Bodlei
aliisque facta, gr. et lat. publici juris fecit Zacha-

riæ 1837. De solutione connubii agit, tit. 11. Cap. 1, continet introductionem ex nov. 117, c. 8 pr. *Basil.* 1, 28, t. 7; c. 1. Cap. 2-5, exponuntur divortia ob causam non irrationabilem et quidem cap. 2 ob impotentiam; cap. 3, ob captivitatem. Nov. 22, c. 6, 7. Bas. 1, 28, t. 7, c. 4; cap. 4, hæc habet : Quoniam vero etiam per consensum connubia solvebantur, sancimus ne hoc alio modo fiat, nisi confestim utraque pars ad vitam solitariam accesserit, ut sic ambo indemnes serventur ; cap. 5-19, continentur repudia ex causa rationabili, et quidem cap. 5-13, recensentur causæ, ex quibus mulieri repudium mitti possit (1) ; cap. 13-19, enumerantur causæ, ob quas mulier viro nuntium mittere possit (2); cap. 19-21, agit de muliere in militiam profecti (3).

Jurisconsulti *græci* non tam ut juris scientiam excolerent, quam ut prospicerent forensibus utilitatibus, juris enchiridia suâ auctoritate componebant.

Cujacius observ. 6-10. Enchiridia juris privata ad *tres* classes revocari possunt :

1. Alia secundum ordinem legalem digesta sunt; pro fundamento compendium quoddam legale habent; addunt vero plura aliunde desumta. Sæpe etiam duo enchiridia in unum contrahunt. In horum numero sunt : Epanagoge cum scholisc. a. 900; Epanagoge aucta, sec.; 10 Ecloga ad Prochiron mutata, sæc. 11.; Prochiron auctum, a. 1200, de quibus erudite disseruit Zachariæ op. cit, p. 95-185.

2. Alia cum legalibus nihil commune habent; quo referuntur. — 1° Synopsis *Basilicorum* continens ex-

(1) Nov. 117, c. 8. B. 1, 28, t. 7, c. 1.
(2) Nov. 117, cap 9. Bas. 1, 28, t. 7, c. 1.
(3) Nov. 117, cap. 11. Bas. 1, 28, t. 7, c. 3.

cepta e.Basil. ordine *alphabetico* digesta cum allegatione
locorum similium. Adduntur Novellæ, post *Basilica*
promulgatæ. Spectat ad a. 900; edidit J. Leunclavius
Basileæ 1575, sed ordinem disturbavit. — 2° *Michaelis
Attaliatæ* procunsulis et judicis opus de jure sive
pragmatica, scripta jussu Imp. *Mich. Ducœ.* Constat
tit. *37*, cum adpendice; illi ex Basilicis desumpti sunt,
hæc ex novellis *Leonis* et seqq. *Impp.* Ed. Leunclav. in
JGR. 2, p. 1-79, ita tamen, ut ex tit. 37, facti sint 95.
Agit, tit. 27, de solutione connubii, unde hæc adduci-
mus : « Atque ut rem compendio declaremus, cui factæ
sunt ab altero circa vitam insidiæ repudium mittere
potest; item quum maritus mulierem adulterii adcusa-
tam non convicerit, mulier repudium mittere potest. »
Item si constet alterutrum insidias *Imperatori* struxisse,
vel aliquibus eorum fuisse conscium nec denunciasse,
potest alter conjugum illi repudium mittere. Dirimitur etiam connubium ex causâ reprehensionis
experte, quum alterutra pars solitudinarium exerci-
tium elegerit, aut si maritus toto triennio non facit ea,
quæ viris natura tribuit. Ex duabus hisce causis sc.
rassura et lecti cessatione ita dirimitur connubium, ut
nec *hypobolum* a viro præstetur. — 3° *Mich. Pselli*
synopsis legum versibus *jambicis* et *politicis* ad *Imp.
Mich Ducam* scripta, jubente patre ejus Imperatore.
Novellas veteres tam in *Basilicis* quam alibi positas
in *duo* genera distribuit, alterum eorum faciens « quæ
tempore evanuerunt, » alterum eorum « quæ dignitatis
amplissimæ atque miranda habentur, » in illorum
numero collocat « quæ habentur de connubii solutione
ex mutuo consensu, » in altero « quæ habentur de solutione connubii modis seu causis convenientibus. »
Sunt denique.

3. Enchiridia privata, quæ medium inter supra me-

morata locum tenent. Huc spectant. — 1° *Epitome
legum* incerti auctoris in tit. 50, c. a. 920. Præfationem,
judicem et tit. 1 ed *Zachariæ* op. cit, p. 287 seqq, —
2° *Constantini Harmenopuli* Hexabiblos seu πρόχειρον
τῶν νόμων (*manuale legum*). Constat, lib. 6, qui tit. 66,
absolvuntur. Compilata est ex *Prochiro* Leon., synopsi
Basit., practica *Eustathei* Rom. magistri. Quæ
Prochiri sunt signo *Saturnino*, quæ ipse addidit,
signo solari distinxit *Harmenopulus*. Sæpius edita
est; a 1587, interprete *Mercero*. Agit, lib. 4, tit. 12,
de solutione matrimonii. Cap. 1 continet usitatam
introductionem (1). Cap. 2 recenset divortia ex causâ
necessariâ et non irrationabili, et quidem ab impotentiam (2). Cap. 3, ob captivitatem (3). Addit tamen
Cap. 4, At 20 Nov. Leonis (33) aperte cavet, ne capti-
vorum mulieribus liceat cum aliis connubium contrahere. Cap. 5, solvitur connubium etiam furore alteri
conjugi superveniente (4). Cap. 6. Novella porro *Cæsa-
ris Leonis* (31) viro potestatem facit connubium cum
illa uxore dirimendi, quæ data opera abortum facit.
Cap. 7. Porto 15, can. *Timothei Alexandr.*, qui mulierem, inquit, dæmoniis actam habet, si aliam sum-
serit, adulterium admittit. Cap. 8. Convicto aliquo,
quod quum detonsus esset, sacra veste abiecta, nuptias
contraxerit, dissolvitur connubium. Cap. 9. Divortium
ob monachismum (5). Cap. 10. Si nuptiarum tempore
stupratam vir ac divirginatam deprehenderit. quam
ut virginem duxerat, atque hoc perspicuis signis pro-

---

(1) Proch. Leon, 11, 1. Nov,, 117, c. 8.
(2) Proch., 11, 2. Nov., 22, cap. 6.
(3) Proch., 11, 3. Nov. 22, cap. 7.
(4) Nov., Leon, 111 et 112.
(5) Nov., 22, cap. 5.

tinus demonstraverit, solvi connubium *Patricius* dice-
bat. Cap. 11-13. Permittitur divortium ob servitutem
posterius emergentem (1). Cap. 13-21. Recensentur
causæ, ex quibus vir mulieri repudium mittere possit (2). Cap. 21-27. Enumerantur causæ, ob'quas mulier
viro nuncium mittere possit (3). Cap. 28. Continet
præcepta de mulieribus militum (4).

Reliquum est, ut de auctoritate, quâ Edicta imperatoria in *Ecclesià orientali* pollebant, paucis disquira-
mus. Jus *Justiniàneum* summa in Ecclesia gavisum
esse auctoritate, in comperto est. Celebris legislator
non modo leges plurimas rem ecclesiasticam spectantes tulit, sed et fontes juris stricte canonicos i. e.
synodos *Nicæn. Constantinop. Ephes.* et *Chalced.*
legibus suis agnovit et confirmavit (5). Et quatenus
leges cum canonibus concordent, aut præcepta conti-
neant de iis, quæ a canonibus in medio relicta sunt,
vim eas habuisse in ecclesia indubitatum est. Quæritur tamen, quid juris, si legum et canonum collisio
oriatur ? *Justinianus*, Nov. 131, c. 1, decernit : nihil
legibus imperialibus, quod sententiis synodorum dog-
maticis repugnaret, statui, bene vero canones, regi-
men ecclesiæ spectantes, legibus abrogari posse. Hinc
Alex. Comnenus lege nov. (6) chartularii dignitatem,
licet canonibus adversam confirmavit ; idemque legem
tulit, qua Imperator contra synodi *Chalced.* can. 12
novos possit constituere metropolitas (7). *Photius* de

(1) Nov. 22, cap. 9.
(2) Proch. 11, 5-13. Nov. 117, cap. 8.
(3) Proch. 11, 13-19. Nov. 117, cap. 9.
(4) Proch 11, 19-21. Nov. 117, cap, 11.
(5) Cod. 1, 45, de Eppis.
(6) Leunclav. JGR. 1, p. 143-406.
(7) Balsamon ad can. Trull. 38.

legum vi in ecclesia nihil profert, earum tamen illibatam jam toto opere suo implicite agnoscit. Erant, *Man. Comneni* diebus, qui adfirmarent, Basilicorum libros, quum sint lex recentior, canonibus derogare. *Deme- trius Chomatianus*, æpp. *Bulg.* in responsis (1). eousque plane progressus est, ut imperatori summa τοῦ ἀρχιερέως jura tribueret, sola sacrorum administra- tione excepta. Quod tamen ab altera parte graviter impugnatum est, adfirmatumque canones legibus esse anteponendos; hanc sententiam strenue propugnave- runt *Balsamon* et *Matthæus Blastares*. Legum et canonum ad invicem rationem (ceteroquin sensu curia- listarum) enucleare studuit Assemanus (2). Libri Basi- licorum usum juris Justin. in ecclesia non statim sus- tulerunt sed ecclesia jure Just. etiam post Basilica usa est, quatenus nempe in collect. 87 capp. in coll. 25 capp. in coll. const. eccle. et Photii nomocanone continebatur; jurisconsultorum opinio sec. 11 stabi- lita, quâ ex jure *Just.* nihil agnoscebatur nisi quod in Basilica receptum esset, in praxim quoque ecclesiasti- cam influxum exeruit, et juris Just. auctoritatem non parum concussit. Inde factum, ut quum sec. 12 ex ancipiti juris conditione graves orirentur controver- siæ, et imperator et patriarcha *Balsamoni* demanda- rent, ut leges a *Photio* in Nomocanone allegatas cum *Basilicis* conferat, et quæ in his non adsint, pro subla- tis notet.

Ipsi *Basilicorum* libri magna pollebant auctoritate in ecclesia, quod non modo ex memorato opere *Balsa- monis* sed etiam ex allegationibus *Basilicorum* in responsis canonicis in *Leunclav.* JGR. 1, p. 305, 317,

(1) Leunclav. JGR. 1, p. 317.
(2) Bibl. jur. orient. 11, cap. 32.

325, 363, 364, 380, evincitur. Juris tamen *Justinianei*
nunquam omnis deleta erat in ecclesia memoria.
Enchiridiorum quoque juris legalium non deerat in
ecclesia usus.

. . *Mors* (Θάνατος); qui refertur !

Servitus hostilis, in quam sive maritus, sive uxor
incidit. Hæc solvit connubium sub certis adjunctis et
sub conditione non reditûs : cui analogia est longa
absentia, vel si quis conjugum peregre proficiscatur,
quin sciatur, ubi Jur. civ. hauc rationem per extensum exponit ita : « Si milites vel *mercatores*, aut *alii*
homines, seu quicunque denique sub quocunque militiæ adnûmerati, absint ; mandamus, ut uxores mari-
tos suos per omnes absentiæ annos expectent, si neque
litteras, neque nuncium a viris suis acciperent. Si
vero aliqua harum mulierum virum suum fatis ces-
sisse andiverit, nec tunc ei licentiam damus in aliud
matrimonium concedendi, nisi prævie ipsa talis mulier, et parentes ejus, vel alter ex cognatis suis, scri-
qat vel *Præfectos* illius *Turmæ*, in quâ maritus ejus
servitia militaria præstabat, accederent, interrogaturi,
an revera conjux supremum diem obiverit. »

Sique tales in tesseram veritatis ad *SS. Evange-
lium* testati fuerint, litteris inscribantes, maritum
ejus revera mortuum, tunc libertatem concedimus
uxori, ut ejusmodi scripto testimonio provisa, et per
unum annum insuper exspectans, legitime transeat in
aliud matrimonium. Si autem uxor contra hoc man-
datum in aliud matrimonium concedere ausit, et illa
et is qui eam ducit, ut adulteri *pœnis* concientur.

Si prædictum testimonium dantes juramento idem
firmaverint, falso fatentes, hi charactere militiæ pri-
vantur, et decem auri pondo illi, de cujus *morte* fassi
sunt, præstare obligantur ; huic vero libera facultas

manet, si uxorem suam rehabere voluerit, eam ad se arcessendi.

Eadem dispositio verbatim habetur *Justiniani* Novel., tit. 13, cap. 3; Porro *Photius* patriarcha *Const.* in Nomocanone : « *Ceterum sine damno solvitur matrimonium, si maritus ab hostibus captus fuerit, ac an vivat ad quinquennium ignoratur.* »

Ejusdem quoque sententiæ est ejus commentor *Balsamon. Blastares* (in quæst. matr., pag. 509, apud *Leuncl.* et in *Syntagm. Alph.*, pag. 74), dicit : « *Solvitur etiam connubium, cum maritus aut uxor in captivitatem venerit, et per quinquennium non constat, an vivat, nec ne.* » porro jam *Constantinus M.* a. *337,* facultatem dedit uxori, cujus maritus in bellum ivit, quæve per *4* annos nullum de vitâ ejus nuncium accepit, ut facta prævie apud militiæ *Prefectum* insinuatione, ad alia vota transire possit.

Item *Justiniani* Nov. 22, cap. 7, et Nov. 117, cap. 12, quæ a *Leone* Imperatore sublatæ quidem, verum in libros *Basilicorum* iterum receptæ. (Lib. 28, tit. 7, pag. 322), in hæc verba : « Sed et captivitate bonâ gratiâ dissolvitur matrimonium ; verum quamdiu certum est, superstitem esse captivum conjugem, connubium non diremtum esse sinimus, quodsi incertum sit, utrum persona, quæ ab hostibus capta est, vivat, nec ne, tunc exspectandum est quinquennium, seu marito seu uxori : post quod sive *mors* certa sit, sine incerta, matrimonium impune licebit contrahere. » Ex his et aliis analogis legibus patet : servitutem, hostilem in veteri Ecclesiâ ad rationes connubium dirimentes semper relatam esse quidem, ast non absolute, verum sub certis conditionibus et momentis, quorum essentia eo revocatur, ut tot et tales probæ præsto sint, ex quibus justa et probabilis conclusio et præsumptio de morte potius, quam vita viri (vel uxoris) in captivitate constituti educatur; et sic ad fontem seu principium i. e. mortem, a *Jesu Christo* stabilitum revocari possit. Hinc est, quod Conc. oec. VI., can. 92, in *Kormcsia*, cap. 17, disponatur : « Si vir absit, neque mulier de eo quidquam resciat, sed alteri nubat, est adultera, et si rediens vir voluerit, eam sibi habeat. Item can. 31 *S. Basilii*, in *Kormcsia*, cap. 21. » Si vir absit, uxor vero nesciat, ubi sit, neque exquirat, neque resciat, an revera mortuus sit, nec ne, et matrimonium cum altero ineat, est adultera.

Probæ ejusmodi variis temporibus erant variæ, sic testimonium Præfecti Militum et scribarum, et insuper exspectatio annua; exspectatio 4, 5, 7, 10 annorum, item temporis incerti. In plurimis tamen legibus est conspicuus numerus quinque annorum, ita *Constantinus Harmenopulus* (1) (1140. Lib. 4, tit. 12), qui insuper observat, impedimentum hoc est Nov. *Leonis* Imp. non tenere; quibus recentissimæ quoque *Legislationes civiles* adstipulantur. Institutiones *Juris Russici*, § 174, sanciunt æque « *annos quinque.* »

Videmus igitur impedimentum hoc in Ecclesiâ *Orientali* semper obtinuisse, requisita tamen pro ratione temporis et circumstantiarum mutationibus obnoxia fuisse, atque adeo esse etiam de præsenti. Ea ergo sola dispositio firma et invariabilis instar cynosuræ pro universâ *Orient.* Ecclesiâ tenenda, quæ

(1) Constantinus Harmenopulo, sub *Joanne Palæologo* nomophylax et iudex *Thessalon.* composuit *epitomen canonum* in 6 sectiones divisam, editam a *Leunclavio* in JGR. 1 p. 1-71. Ordo est *Zonaræ;* omissi sunt canones syn. *Const.* (*Nectar.*) et *Carth.* (*Cypr.*), epistolæ *Athanasii*, jambi *Gregorii* et *Amphilochii Theophil.* et *Gennad.*; additi et allegati canones patriarcharum *Nicolai* et *Nicephori*.

can, 93, Conc. Œc. VI. *Trullani*, in hæc verba sonat :
« Uxor viri, qui secessit, et non apparet, antequam de
ejus morte certior facta sit, alteri cohabitans, adulte-
ratur. Similiter et militum uxores, quæ non apparen-
tibus maritis nupserunt, in eamdem rationem incidunt,
quemadmodum et quæ propter mariti peregrinationem
reditum non exspectant. Sed res hic quidem aliquam
veniam habeat, quod sit major ejus mortis suspicio.
Ea autem, quæ illi, qui ad tempus erat ab uxore relictus, nupserit per ignorantiam, a matrimonio ergo
non arcebitur, melius autem si sic manserit. Sin autem miles aliquanto post tempore redierit, cujus uxor
propter longam ejus absentiam, alteri viro conjuncta
est, is, si velit, propriam uxorem recipiat, ipsi veniâ
propter ignorantiam datâ, eique qui illam in secundis
nuptiis domum duxit. »

Præsumptio igitur mortis et momentum illud, ob
quod alterutri conjugi ad aliud connubium transire in
hoc casu licet : qui pro mortuo habitus si subseque re-
diverit, tunc præsumptio cedit veritati, et vir uxorem
sibi habebit, si voluerit ; in *omnibus* enim *legibus* hæc
conditio adjecta cernitur, et merito ; nam uxor, quæ
vivo marito alteri nupsit, est et manet adultera relate
ad maritum suum legitimum licet per ignorantiam,
perinde eam velut pollutam recipere non obligatur ;
can. enim 87 *Concil. Trull,* et can. 9 et 21 S. Basilii : « *Polluta polluetur, et ad virum suum non re-
vertetur,* » sed eam recipere potest, si velit, in ejus
enim potestate stat, crimen eidem condonare vel non.

Si alteruter conjugum votum Religionis solenne de-
posuerit, seu *monasterium* ingressus fuerit, ductu
Just. Nov., tit. 25, cap. 5, tit. 13, cap. 4, item. Jur.
civ., tit. 11. cap. 2 et 4 ; *Leonis* Imp. et *Const.*, tit. 2,
cap. 9 ; solvitur connubium quoad ipsum vinculum,

et parti in mundo remanenti ad alia vota transeundi potestas datur. Nam qui *monasterium* ingreditur, is fictione juris relate ad mundum et conjugem pro mortuo habetur.

Photius (1) Patr. Nomoc., tit. 13, cap. 4 : « Ceterum sine damno solvitur connubium etiam propter *vitam monasticam*. » *Balsamon* (2) Justiniani Imperatoris verba referens, ita scribit : « Prædictis causis visum est nobis et has nominatim apponere, ex quibus matrimonia dissolvere vel citra pœnam licet : quando alter conjugum vitam *monasticam* suscipit; propterea quod et iste mori videatur; quum alterum vitæ iter pro altero capessit. »

Huic sententiæ adstipulatur, quoque *Mattheus*

---

(1) Sec. IX floruit *Photius*, primus a secretis, postea patriarcha Constantinop. scripsit Syntagma canonum, eique *Nomocanonem* præposuit, in quo canones secundum ordinem materiarum disponuntur eisque leges correspondentes ex jure *Justin.* adjiciuntur. Præfatio Nomocanonis in duas partes divisa, duplicem operis prælectionem prodit. In primâ præfatione enumerantur X synodi, has excipiunt canones apostol. *Carthag.* Cypriani et epistolæ canonicæ. In alterâ præfatione adjiciuntur canones syn. sextæ septimæ, primosecundæ et *S. Sophiæ*. In indice autem, præfationi adjecto, observatur ordo, a synodo *Trullano* stabilitus; adjiciuntur canones syn. Sextæ, Septimæ et Primo-Secundæ. Desiderantur synodi *S. Sophiæ* et Carthag. Cypriani; hæc in Nomocanone, t. XII, c. 2, 14, allegatur, sed in C. MSS. Syntagmatis deest, illa in C. MSS. Syntagmatis adest, sed in Nomocanone non allegatur. Index epistolarum continet inscriptionem epistolæ et regulariter numerum canonum. Absunt nec in Nomocanone allegantur epistolæ Athanasii et jamb Gregorii et *Amphilochii*, adsunt in C. MSS. Syntagmatis sed diverso loco positi.

(2) Seculo XII floruerunt Zonaras, magnus drungharius viglæ et primus a secretis, *Theodorus Balsamon*, magnæ eccl. diaconus et chartophylax; tam *Zonaras* quam *Balsamon* commentarium scripserunt in Syntagma *Photii*, posterior etiam in Nomocanonem.

Blastares (1), Lit. F, cap. 13, pag. 74, in causis et
quæstion. Matr., pag. 508, apud *Leuncl. in Synt.*,
pag. 74. Patet igitur, ob votum solenne Religionis al-
terutrius conjugis etiam absque consensu alterius,
Orientalem Ecclesiam jure matrimonium dirimendi,
secundum *disciplinam veterem pollere.* An hodie idem
admittere consultum sit, nec ne, id a *solutione* varia-
rum quæstionum et combinatione adjunctorum pendet.

Quis enim satius duceret, virum ignaviæ deditum
et educationis prolium numerosarum pertæsum, in
monasterium recipere, uxore et prolibus patre orbis
cum inediâ colluctantibus, quam mediis aptis eumdem
ad frugem et rectum tramitem revocare. *Prudentia
igitur optima magistra.*

(1) *Mattheus Blastares*, monachus, 1335 compilavit Syntagma al-
phabeticum canonum et legum. In protheoria præmissa est historia
fontium juris can., in quâ *codex* canonum, a Syn. Trull. et *Photio*
stabilitus, non exceditur. Adest plerumque in C. MSS. syntagmatis
adpendix, quæ continet catalogum officiorum eccles. Const. synop-
sim Nomocanonis Jo. Neustentæ, Nicetæ responsa ad interrogatio-
nes Constantini eppi, *Nicephori* patriarchæ canones, Joannis Eppi
Citrii responsa ad *Cabasilam.*

Imprimerie Lagarde et Sebille, rue Romiguières, 2, Toulouse